손안의 불서

8

불성 발현의 길

우룡큰스님 지음

🌼 효림

차 례

차 례

서 문

불자의 목표는 부처가 되는 것이요, 부처님은
'천상천하 유아독존天上天下 唯我獨尊'이다.

석가모니부처님께서 태어났을 때 스스로 말씀하
신 천상천하 유아독존! 이 말속에는 가장 높고 가
장 넓다는 뜻이 내포되어 있다.

그럼 천상천하 유아독존의 마음은 어떠한 마음
인가? 일심一心이다. 모든 것을 하나로 품고 있는
마음이다.

그런데 우리의 마음은 일심과 너무나 멀어져 있
다. 이 몸과 이기적인 마음을 '나'로 삼아, '나'와
내 것과 내 도道와 내 가족만을 신경 쓰면 된다는
식으로 살아간다. 과연 이렇게 사는 것이 잘 사는
삶일까?

천상천하 유아독존!

이렇게 되기 위해서는 보다 넓게, 보다 높게 살아가는 자세가 꼭 필요하다.

나와 내 것과 내 도와 내 일만을 중요시하는 삶에서 벗어나, 따뜻한 마음으로 인연 있는 사람들을 깨우치고 돕고 평화롭게 만들면서 살아가는 불자가 되어야 한다.

아울러 나와 남을 함께 축원하고 주위의 분들에 대해 집착 없이 이바지하면서, 무주상無住相의 복을 짓고 스스로가 간직하고 있는 불성을 개발하여야 한다. 내 마음을 단속하고 불성 발현의 길을 걸으면서, 깨달음의 문을 열어 가야 한다.

특히 내 속에 불성이 있고 깨달음의 본성이 있고 모든 것을 맑히는 자정능력自淨能力이 있다는 것과, 나의 삶을 어둡게 만드는 무명無明을 타파하는 방법이 무엇인지를 알아야 한다.

그래서 나는 이에 관한 글을 2022년 8월부터 2023년 4월까지 월간 「법공양」에 연재하였던 것이고, 이제 이 글들을 모아 한 권의 조그마한 책으로 내어놓게 되었다.

비록 작은 책이지만, 불교 가르침의 진수를 담았기에 다소 내용이 어려울지는 모르겠으나, 참으로 중요하고 꼭 일러주고 싶은 내용이기에 정성을 모아 보았다.

부디 이 글이 우리의 향상과 깨달음과 불성 발현에 도움이 되기를!

나무마하반야바라밀.

불기 2567년 부처님오신날을 맞이하며
경주 남산 기슭 함월사에서
우룡 합장

제1장

복을 크게 담는 법

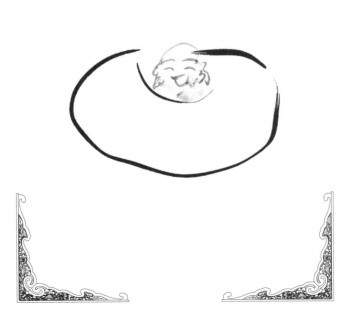

행복을 축원하며 살자

생활 속의 축원

나는 불자들에게 행복을 먼 곳에서 찾지 말 것을 늘 당부드린다. 내가 발현하고 내가 유지하고 내가 다스려야 할 행복.

행복은 먼 곳에 있지 않다. **행복은 일상생활 속에서의 나의 마음가짐, 나의 실천 속에 있다.** 내가 밥 먹고 옷 입는 속에 있고, 가족 사이의 대화와 행동, 직장에서의 대화와 행동, 이웃 간의 대화와 행동 속에 있다. 그러므로 생활 속에서 행복을 찾고 행복을 이루어 가야 한다.

크게 부자가 되고 크게 도를 깨쳐야 행복을 성취하게 된다는 등의 망상에 빠져들지 말라. 지금이 아닌 먼 미래에 대한 망상이 오히려 행복을 멀리 쫓아버리고, 행복을 엉뚱한 쪽으로 가버리게 만든다.

지금이 중요하다. 그러므로 지금의 생활 속에서 나의 마음가짐과 대화와 행동 중에 잘못된 것이 있으면, 아무리 괴롭고 힘들더라도 고쳐 나가야 한다.

행복은 가장 가까운 곳에서 노력하고 실천하는 가운데 있다. 나와 가족을 위하는 일이 아무리 괴로울지라도, 극복을 하면서 한결같이 노력하고 실천하며 나아가야 한다. 그래야만 행복이 나의 것, 우리의 것이 된다.

그래서 나는 불자님들께, '축원 속에서 밥을 하고 빨래를 하라'는 부탁을 드린다.

빨래를 할 때 축원을 하자.

"빨래한 이 옷을 입는 분의 액운이 모두 사라지고

청량한 삶이 이루어지이다.”

반찬을 하고 밥을 지을 때 축원을 하자.

"이 음식을 드시는 분들 모두가 건강하고, 뜻하시는 바를 모두 이루지이다."

만약 이렇게 간단한 축원도 실천에 옮기지 못하는 불자라면, 어떻게 집안의 행복과 자신의 행복을 이루어 낼 수 있을 것이며, 가족을 위한 기도를 제대로 할 수 있겠는가?

축원 속에서 지어드리는 음식은 보약이 된다. 반대로 불평불만을 가득 품고 만드는 음식은 오히려 먹는 이의 건강을 해친다.

나의 마음과 생각은 나의 손끝을 통해 음식에 전달되고 빨래에 노출되기 때문에, 그 일을 하는 '나'의 마음가짐은 참으로 중요하다. 그러므로 잘 되기를 축원하는 마음을 늘 지녀야 한다.

하지만 축원을 제대로 하는 불자가 드물고, 축원을 하려는 생각조차 하지 않는 이들이 많다.

축원은 돈이 드는 것도 아니요 힘이 드는 것도 아니다. 오직 마음만 있으면 할 수 있는 것이 축원인데, 왜 축원을 하지 않는가? **축원이 행복과 평화의 원동력이 되는데도…**.

꾸준히 축원을 하면 어렵지 않게 행복을 이룰 수가 있다. 잠자리에 드는 아이에게 축원을 하고, 학교 가는 아이에게 축원을 하고, 귀가하는 가족에게 축원을 하자.

축원을 통하여 나의 마음을 바른 마음·밝은 마음·참된 마음으로 만들고 다스리고 유지하면, 행복은 늘 나와 함께하게 된다.

절대로 행복이 멀리 있거나 어렵다고 생각하지 말라. 쉽고 가까이에 있는 것이 행복이다. 나를 결코 떠나지 않고 있는 것이 행복이다.

하지만 '나'의 마음이 편안함을 떠나 끊임없이

흔들리고 방황하고 흘러가게 되면, 축원하는 마음을 잃어버린 채 흔들리고 방황하는 삶을 살다가 슬픔과 불행의 구렁텅이 속으로 빠져들게 된다.

그러므로 축원을 하면서 바르고 밝고 참된 마음으로 나의 게으름이나 방황하는 마음 등을 다스리며 살아가야 한다.

부처님께서는 『금강경』에서 설하셨다.

"마땅히 이와 같이 머무르고〔應如是住〕
이와 같이 그 마음을 항복받을지어다〔如是降伏其心〕."

'행복을 이루기 위해서는 그 마음을 어떻게 유지하고 그 마음을 어떻게 다스려야 하느냐'는 질문에, 부처님께서는 '이와 같이〔如是〕 머무르고 이와 같이〔如是〕 그 마음을 다스려야 한다'고 하셨다.

참으로 묘한 답변처럼 들릴 것이다. 그러나 대답의 뜻은 간단하다. 처음 그 마음을 내었을 때처럼 지키고 실천하라는 것이다.

특별히 다른 방법이 있는 것이 아니다. 가족의 예로 돌아가면, 가족의 행복을 축원하는 그 좋은 마음을 그대로 유지하고 계속 실천하라는 것이다.

'부모·배우자·아들딸에게나 생활 속에서 만나는 모든 인연들에게 축원하는 마음 그대로 살면 된다. 그 이상도 그 이하도 없다. 축원하는 그 마음을 지키며 살면 된다.'

이렇게 답을 주신 것이다.

곧 여시여시如是如是, '이와 같고 이와 같은' 한결같은 마음으로 축원하고 살아갈 때, 큰 행복을 얻고 유지하고 지켜나갈 수 있음을 일깨워 주고 계신다.

이 축원은 집에서만이 아니라, 절이나 다른 곳에 가서도 한결같이 이루어져야 한다.

부처님께 절을 올리고 돈이나 음식 등을 올릴 때도 꼭 축원을 해야 한다.

축원은 위없는 깨달음의 마음

축원은 나를 비롯한 다른 이의 행복을 기원하는 것이요, 축원하는 그 마음은 바로 아뇩다라삼먁삼보리심阿耨多羅三藐三菩提心, 곧 위없는 깨달음과 아주 큰 행복을 이루는 마음이다.

'일체중생 모두가 행복하여지이다' 등의 거창한 축원이라야만 위없는 깨달음과 연결되는 것이 아니다. '내 남편·내 아내·내 부모·내 아들딸들이 건강하고, 뜻하는 일 모두 이루어지이다'라고 하는 등의 가족을 향한 축원 또한 위없는 깨달음의 마음이다.

그리고 법회 때마다 노래하는 사홍서원을 비롯하여, 스스로를 참되고 바른쪽으로 나아가게 하고자 발하는 맹세들 모두가 큰 행복을 여는 축원이다.

핵심은 이러한 착한 마음, 바른 마음, 좋은 마음을 계속 유지하느냐 하지 못하느냐에 있다. 착하고 바르게 축원하는 마음을 한결같이 유지하기만

하면, 저절로 행복이 깃들고 위없는 깨달음이 함께 하게 된다.

나아가 불사에 동참할 때에도 그냥 돈을 내지 말고, **축원이 깃든 보시를 해야** 한다. 그렇게 하면 불사 동참의 복이 재물 보시의 복으로 끝나지 않고, 주위까지 복되게 만드는 **무량 복으로 바뀌게** 된다.

복은 물질로만 이루어 내는 것이 아니다. 정성이 깃들어야 한다. 절이나 불사에 그냥 돈을 희사하기보다는, 정성을 담고 축원이 깃든 돈을 **바쳐야** 한다.

불사에 쓸 돈을 통장에서 목돈을 인출하기보다는, 평소에 기도를 하면서 불사에 쓸 돈을 모아 보자. 가족이 셋이면 셋, 넷이면 넷, 한 사람당 천 원이라도 좋고 오백 원이라도 좋다. 형편에 맞추어 쉽게 할 수 있는 액수를 정해서 돈을 모아 보자.

단, 그 돈을 그냥 모으면 안 된다. 남편 몫으로 돈을 놓으면서 남편을 축원해 드리고, 아들 몫으로 돈을 놓으면서 아들을 축원해 주고, 딸의 몫으로 돈을 놓으면서 딸을 축원해 주고, 내 몫으로 돈을 놓으면서 내 축원을 해야 한다. 그것도 세 번씩 축원해야 한다.

"부처님, ○○○이 항상 건강하옵고, ○○○이 원하는 바가 꼭 이루어지이다."(3번)

하루 이틀 행하다가 말고, 답답하면 행하는 축원이 아니라, 매일매일 꾸준히 하는 축원이라야 좋은 결실을 맺는다. 끈기 있게 밀고 나가는 축원이라야 힘이 모이고, 힘이 모여야 능히 어려움과 장애를 돌파할 수가 있다.

적은 돈이라도 상관없다. 매일 하는 것이 중요하다. 잊지 말고 꼭 축원을 하면서 돈을 모을지니, 그 축원이 무량한 복을 가져다주고 좋은 열매를

맺게 하는 것이다.

   그리고 모은 돈은 불사에 쓰도록 하자. 스님에
게 드려서 절에 쓰도록 하여도 좋고, 법공양에 사
용하여도 좋고, 어렵고 힘든 이웃을 위해서 써도
좋다.
   나와 남을 함께 이롭게 하고 나와 남을 함께 살
리는 데 쓰면 그것이 진정한 불사이다.

   이렇게 축원을 하고 불사를 하는 집안에는 절대
로 재앙이 찾아들지 않는다. 가족의 하는 일들도
실패를 하지 않는다. 올바른 마음가짐으로 꾸준히
축원하는 사람에게는 절대로 파도가 일어나지 않
는다.
   물론 집에서 독경이나 사경이나 기도할 때에도
축원하기를 잊어서는 안 된다. 절에 가서 불전을
넣을 때에도 꼭 가족 축원을 하자.
   매일매일 축원을 하면 그 축원이 나의 중심을 잡

아주고, 법계를 움직이고, 가족의 행복을 보장하는 힘이 된다.

　그리고 기도를 하지 않는 경우라면, 하루 세 번 공양(식사)을 할 때마다 축원을 하는 것도 아주 좋은 방법이다.

　부디 축원을 통하여 행복해지고 편안해지고 원하는 바를 이루는 불자가 되고 불자의 가족이 되기를, 이 산승은 간곡히 축원드린다.

　나무마하반야바라밀.

집착 없이 이바지하자

집착이 문제이다

중생은 복을 좋아하기 때문에 복을 받고자 할
뿐 아니라, 복을 쌓는 선업들을 지으면서 살아간
다.

그런데 중생은 선업들을 집착 없이 짓지 않는다.
스스로가 쌓고 지은 복덕의 양量을 새기면서 살아
간다.

하나같이 '내가 누구에게 어떤 복을 지었다'는
것을 따지고 기억하는 것이다. 그러나 이렇게 복을
지으면 자기 복을 자기가 받는 인과복因果福의 수
준에서 벗어나지 못하게 된다.

복을 베풀 때 그 내용이나 수량 등에 얽매이게

되면 인과응보 수준의 복만을 받을 뿐, 굴레를 넘어선 대우주법계의 큰 복은 누릴 수가 없다.

만약 우리가 진짜 큰 복을 얻고자 한다면 지은 복의 내용이나 수량에 집착함이 없이, 복 짓는 일에 진심과 정성으로 임해야 한다.

진심과 정성이 아니라, 지은 **복의 내용과 수량에 집착하면 집착할수록 복의 폭은 점점 좁아진다.** 대우주법계에 가득한 무한행복이 나의 집착 때문에 자꾸만 멀어지는 것이다.

반대로 지은 복의 내용과 수량 등에 집착하지 않고 진심과 정성으로 복을 쌓으면 법계의 무한행복이 그대로 나의 것이 되어 큰 행복을 누릴 수 있게 된다.

곧 대우주법계의 **무한행복과 하나가 되는 비결**은 '무주無住'이다. 머무름이 없는 복짓기, 집착 없이 행하는 복짓기라야 대우주의 진실을 체험할 수 있고 대우주의 무한행복과 하나가 될 수 있다.

부처님께서는 여러 경전을 통하여 "마땅히 머무르는 바 없이 복덕을 닦아야 한다[應無所住 而生其心]"고 하셨다. 부처님께서 강조하신 '머무르는 바 없이[無所住]'는 '집착 없이 실천하라'는 것이다.

그런데 우리는 어떠한가? 먼 곳의 일은 그만두고 우리의 가족에 대한 것부터 되돌아보자.

우리는 내가 '아버지'라는 집착, '어머니'라는 집착, 저 아이가 '내 자식'이라는 집착으로 살아간다. 그리고 그 집착에 따라 우리의 생각과 말과 행동이 달라진다.

머무르는 바 없이 집착하는 바 없이, 진심과 정성으로 살아야 행복한 삶이 열리고 자유롭게 살아갈 수 있는데, 집안일에서부터 집착 하나를 떼 내지 못한 채 서로를 대하고 있으니, 어떻게 거센 파도가 몰아치는 이 고해의 불행을 벗어날 수 있겠는가?

행복한 삶, 자유로운 삶, 진실한 삶과 자꾸만 멀

어지게 될 뿐이기 때문에, 그래서 부처님께서는 '마땅히 머무르는 바 없이, 집착하는 바 없이 복을 지어야 한다'고 말씀하신 것이다.

　사람들은 가족을 '사랑해야 한다'고 생각하고, 가족을 '서로 사랑하며 살아가고 있다'고 생각한다. 그리고 사랑이라는 이름으로 서로에게 집착을 한다.
　그 집착이 문제이다. 그 집착이 사랑으로 가꾸고 만들어 놓은 좋은 것들을 무위로 돌려놓는다. 어떤 때는 남남보다도 못한 관계에 빠져들기도 하고, 원수처럼 되어 버리기도 한다.

　어떤 부모는 '내 자식놈인데 내 말을 안 듣고 거역한다'며 아들딸에게 톡톡 쏘아붙인다. 내가 낳고 기른 자식이어서 만만하고, 부모 자식 관계인지라 이해가 될 것이라 생각하고 함부로 한다.
　하지만 주관이 있는 아들딸들에게는 부모의 꾸

중이나 톡톡 쏘는 말이 섭섭하게 들리고 억울하게 까지 느껴진다. 부모와 자식의 사이이므로 막말을 하거나 부모의 멱살을 잡지는 않지만, 그 섭섭함 과 억울함이 거꾸로 가슴속으로 들어가서 맺히는 것이다.

못된 자식과 부모, 시어머니·며느리 사이도 섭 섭함과 원망스러운 감정이 쉽게 맺힌다.

그리고 뭐니 뭐니 해도 원망스러운 감정이 가장 많이 맺히는 사이는 부부이다.

미움과 원망의 감정은 서로를 배신하는 굉장한 사건이 있어야만 맺히는 것이 아니다. 그 발단은 사소한 데서 비롯된다. 아내의 바가지 긁는 소리, 남편이 무성의하게 내뱉은 말이 가슴에 꽂혀서 풀 리지 않게 되면 원망이 생겨나고, 그것이 얽히고설 키면 원수 같은 사이로 발전하게 된다.

그러므로 서로 사랑할 뿐 아니라 믿고 의지하는 부부·부모 자식·형제 사이라 할지라도, '사랑하기 때문에, 만만하기 때문에 마음대로 해도 된다'는 생각을 가져서는 안 된다. 집착을 일으켜 마음대로 말하고 마음대로 행동하면 결국은 무서운 원결을 만들어서 함께 불행 속으로 빠져들기 때문이다.

집착 없이 베풀면 무한 행복이

그럼 가정과 가족의 참된 행복을 이루려면 어떻게 해야 하는가?

'남편이다·아내다·아버지다·어머니다·아들이다·딸이다'라고 하는 데 대한 집착 없이 가족들에게 이바지를 해 주어야 한다. 가족끼리 함께하는 모든 일 속에서, 구속하거나 구속되거나 집착하는 마음 없이 베풀어야 한다.

이렇게 가족에게 이바지하고 베풀면 그 어디에도 머무르는 바 없이 복을 지을 수 있게 되고, 대우주 법계의 무한행복을 수용하여 큰 복을 누리고 복된 가정을 이룰 수가 있다.

정말 중요한 것은 머무르는 바 없이, 얽매임 없이, 집착 없이 가족을 대하고 복을 지어야 한다는 것이다.

가정에서만이 아니다. 사회에서도 마찬가지이다. 복을 짓는 척만 할 뿐 제대로 복을 짓지 못한다. 집착을 비우는 척만 할 뿐 제대로 집착을 비우지 못한다.

예를 들어 물질은 주었어도 마음으로는 그것을 꼭 붙들고 있는 이가 많다.

돈을 주었으면 돈을 준 것으로 끝내야 하는데, 그 돈을 쓴 결과에까지 신경을 쓴다. 이렇게 되면 돈 그 자체에, 그리고 돈을 준 대상과 돌아올 결과에 얽매이는 꼴밖에 되지 않는다.

그러므로 복을 지었으면 바로 그 순간에 집착을 버려야 한다. 절이든 복지단체든 그 누구에게 복을 지었든, 복을 지은 즉시 입을 닫고 마음을 비워야 한다.

흐뭇한 감정까지 몽땅 버리라는 것은 아니다. 우러나오는 기쁨까지 억누르라는 것은 아니다. 그러나 자랑은 하지 말아야 한다. 자랑만 하지 않으면 된다.

물질을 주었건 법문을 하였건 몸으로 봉사를 하였건, 복 지은 것에 대해 자랑하고 싶은 생각을 계속 지니고 다녀서는 안 된다. 복을 지었다는 집착을 비워야만 참된 복이 되고 도를 이룰 수 있는 공덕이 되기 때문이. 부처님께서는 늘 강조하셨다.

"보살은 마땅히 집착함이 없이 복을 지어야 하느니라. 무슨 까닭으로 집착함이 없이 복을 지으라고 하는 것인가? 집착함이 없이 복을 지어야 가히 헤아릴 수 없는 큰 복덕을 얻게 되기 때문이니라."

이렇게 집착을 하지 않으면, 원하는 행복만이 아니라 한없이 큰 행복을 이룰 수 있다고 하셨다.

부처님을 믿는 우리 불자들이라 하여 집착 없이 복을 짓기는 쉽지가 않을 것이다. 하지만 조금씩 조금씩 집착을 놓아보라. 헤아릴 수 없는 복덕이 찾아들기 시작하고, 기쁨과 행복이 넘쳐나기 시작할 것이다. 이를 잊지 말고 집착 없이 살아, 무한 행복을 누리시기를 축원드린다.

　나무마하반야바라밀.

무주상無住相의 복

참된 보시

무주상無住相은 상相에 머무름이 없는 삶을 살라고 한다. 그리고 보시의 경우에는 베풀 때도 베푼 것에 대해 집착하지 않는 무주상보시無住相布施를 크게 강조한다.

무주상보시! 그렇다면 무주상의 '상相'이란 무엇인가? 상은 모양이다. 물질적인 모양을 갖춘 것[色]만 상이 아니라, 소리[聲]·향기[香]·맛[味]·감촉[觸]도 상이며, 고착된 생각 또한 형체 없는 상이다.

곧 '내가 부모'라는 생각도 상이요, '저 아이는 내 자식'이라는 생각도 상이며, '내가 저 아이에게 무엇을 해주었다'는 생각도 상이다.

'내가', '누구에게', '무엇을 해주었다' 이 셋 중 하나만 남아 있어도 상에 집착하는 것이다.

부처님께서는 '이 세 가지 상을 모두 떠나 복을 지어라'고 가르치셨다. 이것을 삼륜청정三輪淸淨이라고 한다.

물론 이것은 쉬운 일이 아니다. 상을 비우기는 참으로 어렵다. 그런데도 부처님께서는 '상에 집착하지 않고 복을 지을 것'을 강하게 권하셨다. 왜 그랬을까? 그 까닭은 상에 집착함이 없이 복을 지어야 그 복덕이 헤아릴 수 없이 커지기 때문이라는 것이다. 이 말씀이 이해가 되는가?

사실 이 대우주법계에는 무한의 행복과 무한의 영광이 가득 차 있다. 그런데도 우리는 나 스스로가 만든 상으로 마음의 문을 닫아 대우주의 무한한 영광과 행복과 평화를 거절하며 살고 있다.

스스로가 문을 닫아 불행하고 괴롭고 슬프게 만든 것일 뿐, 그 누가 있어 그렇게 만든 것이 아니다.

따라서 '나'라는 상에 집착하여 일으킨 욕심과 분노와 어리석음을 비우며 살게 되면 대우주의 무한행복과 영광은 반드시 나에게로 오게 되어 있다.

잘 알고 있으리라. '나'라는 상에는 부모라는 상, 자식이라는 상, 윗사람이라는 상, 아랫사람이라는 상, 불자라는 상, 스님이라는 상, 속인이라는 상, 공부를 많이 했다는 상, 공부를 적게 했다는 상 등등이 모두 포함되며, 이러한 상들이 대우주의 무한행복을 차단한다는 것을.

그리고 이러한 상에 얽매어서 복을 지으면 훗날 조그마한 복은 받을지언정, 무한행복이라는 큰 복으로는 이어질 수가 없다. 만약 조그마한 복 받음으로 만족한다면 집착 속에서 복을 지어도 괜찮지만, 무한행복을 원한다면 자꾸자꾸 집착을 비우는 노력을 기울여야 한다.

참된 보시! 보시가 무엇인가? 베풀어서 남을 이롭게 하는 것이다. 동시에 보시는 버리고 벗어버리는 행위이다. 나와 내 것을 비우고 버리는 행위이다.

따라서 『금강경』 등에서는 상에 집착함이 없는 허공과 같은 마음으로 보시를 하라고 가르친다.

상에 집착함이 없이 허공과 같은 마음으로 보시를 하거나 복을 짓게 되면 대허공 크기의 행복과 영광이 나에게로 오게끔 되어 있다는 것이다.

그러나 내가 '보시를 했다', '내가 누구에게 복을 짓는다'는 상이 붙고 집착이 붙을 때에는 그저 자그마한 복이 될 뿐이다.

상대방이 잘났기 때문에, 내 마음에 들기 때문에 베푸는 것은 **거래의 일종일 뿐** 참된 복짓기가 아니다. 더욱이 내 욕심을 채우기 위해, 내 가족의 욕심을 채우기 위해 보시를 하고 기부를 하고 노력봉사를 하는 것이라면, 어찌 참다운 행복으로 연결이 되겠는가?

또한 집착과 욕망과 기대가 가득한 마음으로 보시를 하거나 불사에 동참하거나 복지시설에 기부를 하는 복을 지었다면 인과응보 수준 이상의 행복은 이룰 수가 없다.

그리고 가족에게 이바지할 때도 '우리 부모니까, 내 자식이니까 해준다'는 생각을 갖거나 '뒷날 덕을 보겠다'는 생각으로 베푼다면, 서로가 빚을 갚는 것 이상의 큰 복덕은 결코 다가오지 않는다.

그러나 집착 없는 순수한 마음, '정성 성誠' 하나로 깨끗하게 실천하는 행이면, 눈 밝은 사람이 밝은 햇빛 아래에서 사물을 보듯이 큰 복덕이 또렷하게 모습을 나타내는 것이다.

무주상보시를 연습하라

여러 불경 속에는, 부처님께서 무한의 행복과 무한의 공덕을 제쳐놓고 욕망과 감정과 집착 때문에 잘못 살고 있는 우리를 꾸지람하는 내용들이 많이 있다. 하지만 세상살이를 하면서 이러한 가르침대로 살기란 참으로 어렵다. 오랫동안 욕망과 감정

과 집착 속에서 살아온 잘못된 습관을 버리기가
쉽지 않기 때문이다.

　그러나 지금도 늦지 않았다. 지금이라도 마음을
다잡고, 우리가 진짜 나라고 착각을 하고 있는
'나', 욕망과 감정과 집착에 쌓인 나를 조금씩 비
워보자.. 이 거짓된 나가 바로 무한행복과 무한공
덕을 가로막는 원수이니까.
　더 이상 이 원수를 기르고 감싸고 아끼지 말자.
이 이기적인 '나'가 나를 망친다. 이 나와 일체 대
상에 대한 욕망과 집착과 기대를 놓아버리고, 봄이
되면 모든 초목들에게 잎과 꽃을 피워 주는 **봄바**
람처럼 무주상의 삶을 살아야 무한행복을 누릴
수 있다.
　거듭 강조하지만, 진정으로 나를 살리고 남을 이
롭게 하고자 한다면 오직 무주상無住相으로 해야
한다. 집착을 하지 않고 보상을 바라지 않는 마음
으로 복을 지어야 한다.

물론 이것은 어렵다. '내가' '누구에게' '무엇을 베풀었다'는 생각이 없는 무주상보시를 할 수 있다면, 그는 이미 중생의 경지를 훨씬 넘어선 분이다. 하지만 처음부터 무주상만 강조하다 보면 복짓기나 보시 자체에 대한 회의를 느낄 수 있다.

그러므로 처음부터 무주상을 고집하거나 강요할 일이 아니다. 우선은 무주상 보다 복 짓고 베푸는 것이 중요하다. 자꾸자꾸 복짓고 베푸는 연습을 하는 것이 중요하다.

나와 남의 마음을 열고 서로를 살리는 복짓기를 끊임없이 행하다 보면, 언젠가는 저절로 무주상 복짓기, 무주상보시가 이루어진다.

그리고 베풀다가 상이 일어나고 자랑하고 싶은 마음이 일어나거든 '감사하는 마음'을 가져보라. 보시를 하거나 복을 지으면서 감사하는 마음을 갖게 되면 그릇된 상들이 사라진다.

참으로 보시나 복짓기는 감사하는 마음으로 해야 한다. 감사하는 마음으로 베풀고 복을 지으면 베푸는 자에게 생겨나기 쉬운 허물이 저절로 사라진다. '내가·누구에게·무엇을 베풀었다'며 자랑하고 싶은 마음이 사라져서 무주상을 유지할 수 있다.

무주상보시. 허공을 측량할 수 없듯이, 상에 집착하지 않고 행하는 무주상보시의 복 또한 측량할 수가 없다.

꼭 기억하기 바란다. **큰 복을 이루게 하는 골자는 무주상無住相이라는 것을!** 무주상이라야, 무주상으로 복을 지어야 무한행복을 이루게 된다는 것을!

무주상은 결코 부정하는 것이 아니다. 중생들이 이제까지 살아오면서 복을 지어왔던 이기적인 모습, 보편적인 모습[相]을 내려놓아서, 무한행복을 찾고 누리게끔 하자는 것이다.

부디 모두가 진심과 정성으로 무주상의 복을 지어, 대자유와 대평화와 대자비가 충만된 무한행복을 누리기를 두 손 모아 축원 드린다.

나무마하반야바라밀.

제2장

마음 단속과 아상

마음 마음 마음 단속

마음 단속을 잘하고 있는가

불교를 믿고 공부함에 있어서 처음부터 끝까지 강조하는 것은 '마음 단속'이다.

이 몸을 잘 가꾸고 생활을 윤택하게 하라는 등의 이야기는 뒷전으로 팽개치고, 마음 단속만을 끊임없이 강조하고 있다.

왜냐하면 우리의 주인이 마음이요, 이 마음 단속을 잘하여야 참된 해탈과 행복을 누릴 수 있기 때문이다.

그런데 어떠한가? 이 마음에 모양이 있는가? 아니다. 보이지도 않고 만질 수도 없다.

그럼 우리의 몸과 생활의 현장들은 어떠한가? 볼 수가 있고 만질 수가 있고 느낄 수가 있다.

그러므로 우리는 볼 수 있고 만질 수 있고 느낄 수 있는 몸과 생활환경 등에 관심을 쏟고 집착을 하게 되며, 밖을 향하여 허둥대고 있는 **나의 생각과 집착을 나의 '참 마음'**이라고 착각하면서 살아가고 있다.

그리고 정작 나의 주인공이요 근본이 되는 참 마음은 등한시할 뿐 아니라, 이 참 마음을 돌아보려 하지조차 않는다. 그래서 불교에서는 '마음을 단속을 해라. 마음 단속을 하며 살아라'고 하는 것이다.

마음 단속은 마음 주인공을 돌아보며 사는 것이요, 마음을 돌아보며 살면 허물에 빠지지 않는다. 흔들리지 않고, 모든 것을 있는 그대로 볼 수 있기 때문에 마음 단속을 강조하고 있는 것이다.

마음 단속의 방법으로는 참선·염불·주력·경전 공부·보시행 등을 가르쳐 주고 있다.

곧 참선·염불·주력·경전공부·보시행을 꾸준히 하다 보면 저절로 마음 단속이 되어 그릇된 허물을 짓지 않게 되고, 마음이 안정되어 지혜롭게 살 수 있게 되기 때문이다.

나아가 마음 단속이 잘 되면 알쏭달쏭하였던 경전 속의 내용이나 엉뚱한 것 같았던 선사들의 선문답禪問答이 문득 이해가 되고, 그 답들이 저절로 나오게 된다.

그런데 우리는 지금 어떠한가? 내 마음을 잘 단속하며 살고 있는가?

아닐 것이다. 대부분이 속으로가 아니라 바깥쪽으로 흘러가며 살고 있을 것이다. 불교 경전을 읽으면서도 밖을 향하고 있고, 법문을 들으면서도 바깥에 마음이 빼앗겨서 법문을 나의 것으로 만들지 못하고 있는 이들이 많다.

이렇게 밖으로 흘러가며 살고, 법문을 나의 것으로 만들지 못하게 되면 도무지 힘이 생겨나지 않

는다. 경전도 이해가 되지 않고, 삶도 바르게 서지
않으며, 행복의 문이 열리지도 않는다.

그러므로 부처님의 정법을 배우고 익히고 실천하
는 우리는 마음 단속부터 해야 한다. **스스로를 자
꾸 돌이키고 반조返照하는 것을 자꾸자꾸 연습해
야 한다.**

염불을 하든 화두를 잡든 경전을 읽든, 언제나
'나' 자신을 되돌아보고 바라보아야 한다. '나'의
마음을 되돌아보고, '나'의 실천을 살펴보고, '나'
의 몸가짐을 바라보아야 한다.

저 먼 쪽을 바라보거나 바깥의 흐름을 좇아가지
말고, '나'를 단속하고 내 마음을 단속해야 한다.

이렇게 참선·염불·주력·경전공부 등을 하면서
안으로 부지런히 마음 단속을 하면, 영험靈驗은 반
드시 우리에게로 오게 되어 있다.

영험이 무엇인가? 뜻하는바 소원을 성취하는 것

이요, 평화와 자유와 행복의 자리에 앉는 것이다.

하지만 이 영험은 그냥 주어지지 않는다. 영험은 정성이 만드는 것이다. '정성 성誠'자가 영험을 만드는 것이지, 부처님이 주시거나 하느님이 주시는 것이 아니다. 반대로 하느님이 벌을 주거나 부처님이 벌을 주는 것이 아니다.

결국 우리의 마음이 영험과 행복을 만들고, 우리의 마음이 벌과 불행을 만드는 것이다.

스스로를 등불로 삼아라

영험과 벌, 행복과 불행.

이것은 무엇에 의해 좌우되는가? 마음을 어떻게 단속하느냐에 따라 좌우가 된다. 마음 단속을 잘하면 영험이 생기고 행복이 깃들며, 마음 단속을 잘못하면 벌을 받고 불행의 늪에 빠져드는 것이다.

그래서 선종에서는 '부처님께도 기대지 말라'고

가르친다. 또 열반 직전의 부처님께서는 유언처럼 말씀하셨다.

"스스로를 등불로 삼고 스스로를 의지처로 삼아라. 다른 사람에게 의지해서는 안 된다. 법法(진리)을 등불로 삼고 법을 의지처로 삼아라. 다른 것에 의지해서는 안 된다."

스스로를 등불로 만들고 스스로를 의지처로 만드는 방법이 무엇인가?

스스로가 지금 어디로 향하고 있는지를 돌아보면서 살면 된다. '나' 자신의 마음을 단속하고 또 단속하면 된다. 이렇게만 하면 차츰 영험이 생겨나고 평화와 행복이 깃들게 되는 것이다.

그런데 마음을 안으로 모으지 않고 불교를 믿으면 어떻게 되는가?

자칫 잘못하면 허황되고 이상하고 덧없는 쪽으

로 나아가게 된다. 신통이나 도술, 미래의 길흉을 점치는 쪽으로 나아가고, 귀신과 함께하는 쪽으로 나아간다.

이것이 불교인가? 아니다. 절대로 아니다.

오히려 요행을 바라면서 불교를 믿거나, 몰랐던 것이 저절로 알아지고 신통이나 도술을 부릴 수 있다는 기대심리로 불교를 공부하면 장애가 자꾸 붙을 수밖에 없다.

그러므로 우리 불자들은 염불을 하든 참선을 하든 경전공부를 하든, 스스로를 돌아보고 스스로의 마음을 깨닫는 쪽으로 몰아가면서, 나와 공부를 한 덩어리로 만들어야 한다.

'관세음보살' 염불을 예로 들어 보자.

관세음보살을 부르는 이들은, '내가 관세음보살을 부르면 다른 곳에 계신 관세음보살님이 나에게로 오셔서, 나를 도와주고 기적을 이루시고 나의 문제를 해결해 주신다'고 생각해서는 안 된다.

이렇게 관세음보살을 대상이나 우상으로 만들면 벌써 나와 관세음보살은 완전히 쪼개어진 상태에 놓이게 된다. 그렇게 되면 기도는 될지언정 수행은 되지 않는다. 일시적인 작은 성취는 이룰지언정 참된 깨달음이나 행복은 얻지 못한다.

왜? 한 덩어리가 되지 못하기 때문이다. 오직 '관세음보살' 염불에 집중하여 관세음보살과 **한 덩어리를 이루게 되면**, 그 속에 영험과 행복이 다 간직되어 있는 것이다.

화두를 잡든 염불을 하든 경전을 읽든, **오로지 한 덩어리가 되고자 해야 한다.** 바깥쪽으로 흘러가지 않고 한 덩어리가 되고자 노력하는 것! 그것이 마음 단속이요 불교공부요 수행이다.

생활에서도 마찬가지이다.

글을 쓸 때는 글 쓰는 것과 한 덩어리가 되고, 말을 할 때는 말하는 것과 한 덩어리가 되면 된다. 남을 사랑할 때는 남과 한 덩어리가 되고, 밥을 먹을 때는 밥 먹는 자체와, 빨래를 할 때는 빨래하는 것과 한 덩어리가 되면 된다.

밖으로 밖으로 뿔뿔이 흩어지는 내 마음을 단속하여 지금 이 자리에서 '나'의 일과 한 덩어리가 되어 사는 것! 그것이 깨달은 이의 삶이요 도인의 삶인 것이다.

물론 숱한 번뇌 속에 휩싸여 사는 중생이 한 덩어리가 되어 살기란 용이하지 않을 것이다. 출가수행자가 아니라 세속에 사는 속인들은 더욱 그러할 것이다.

하지만 남이 아니라 나의 마음을 다스리는 일이니만큼 하면 된다. **꾸준히 마음 단속을 하면** 재가인도 얼마든지 도인이 될 수 있으며, 실제로 이 세속에는 도를 깨달은 숨은 도인들이나 참으로 고귀하게 사는 이들이 처처에 있다.

세속에서 처자식을 데리고 살면서도 열심히 정진하여 타심통他心通까지 성취한 이도 있고, 염불정진을 하여 큰 힘을 성취한 보살님들도 많이 있으며, 세속 일을 하면서 열심히 책임을 다하고 참으로 복되고 평화롭게 사는 이들도 많다.

　부디 명심하라.
　불교 공부의 성취 비결은 따로 있는 것이 아니다. 마음 단속에 있다. 밖으로 뿔뿔이 흩어지는 마음을 거두어 스스로를 되비추어 보고, 한 덩어리가 되어 나아가는 것이다.
　'화두'면 화두와, '관세음보살' 염불이면 관세음보살과, '금강경'이면 금강경과 한 덩어리가 되고 한 몸이 되면, 마음자리를 생각하지 않더라도 근본 마음자리를 회복하지 않을 수 없게 되고, 행복에 관심이 없더라도 행복해지지 않을 수 없는 것이다.
　그러므로 지금은 잘 안될지라도 밖으로 향하는 마음을 단속하면서 **한 가지 공부를 꾸준히 해 나가야 한다.** 참선·염불 등 그 한 가지 공부 방법으로 되든 안 되든 똘똘 뭉쳐서, 한 덩어리가 되고 한 몸이 될 때까지 자꾸자꾸 굴려 가야 한다.

틀림없이 하는 만큼 결과가 나타나고 영광과 행복이 도래할 것이니….

나무마하반야바라밀.

바르게 산다는 것

계는 자기를 이겨내는 것

계의 그릇이 견고하여야	<ruby>戒器堅固<rt>계 기 견 고</rt></ruby>
선정의 물이 맑아지고	<ruby>定水澄清<rt>정 수 징 청</rt></ruby>
선정의 물이 맑으면	<ruby>定水澄清<rt>정 수 징 청</rt></ruby>
지혜의 달이 잘 나타나노라	<ruby>慧月方現<rt>혜 월 방 현</rt></ruby>

이는 불교의 세 가지 근본 가르침인 삼학三學의 관계를 밝힌 게송이다.

계戒의 그릇이 견고하여야 그 그릇에 담기는 선정[定]의 물이 맑고 깨끗해질 수 있으며, 선정의 물이 맑고 깨끗하여야 지혜의 달이 밝게 나타난다는 것이다.

이렇듯 계戒·정定·혜慧 **삼학**三學**은 따로이 떼려야 뗄 수가 없는 관계에** 있기 때문에, 옛 어른들은 이 삼학을 세 발 달린 솥에 비유하셨다.

옛날의 솥을 보면 발이 세 개 달려 있다. 발이 세 개 있기 때문에 한쪽으로 솥이 기울어지지 않고 흔들림 없이 반듯하게 놓일 수 있다.

솥의 세 발과 같은 계와 정과 혜를 요즘 말로 바꾸면, **계**戒**는 바르게 사는 것이요, 정**定**은 평화로움이며, 혜**慧**는 있는 그대로를 보는 밝은 삶이다.**

그리고 이들 삼학 중에서 가장 앞서는 것은 계戒이다. 바르게 사는 것이다. 게송에서 본 바와 같이, 계를 잘 지키며 바르게 살면 평화로움을 얻을 수 있고, 평화를 이루면 있는 그대로를 밝게 보고 멋있게 살 수 있는 지혜를 얻을 수가 있다.

계戒**, 곧 '바르게 산다'는 것은 자기가 자기를 이겨내는 것이다.** 남이 밉고 남을 욕하거나 해치고 싶은 생각이 일어나도, '내가 이렇게 해서는 안 되지' 하면서 나를 뒤돌아보고, 탐심이 일어나고 도둑질을 하고 싶어도 '이것은 인간의 길이 아니다'라면서 그 생각들을 범하지 않는 것이다.

우리가 스스로를 다스리고 억제하면서 바르게 살면 어떠한 결과를 가져오는가? 장황한 설명보다는 한 편의 옛날이야기를 하겠다.

❀

조선시대 초기에 벽계정심碧溪淨心(15세기, 생몰년 미상)선사라는 큰스님이 계셨다.

폭군 연산군이 불교 말살 정책을 쓰면서 승려들을 모조리 환속시켜 양반집 노비로 부리게 하였으므로, 승려의 모습을 지킬 수 없었던 정심선사는 머리를 기르고 영동 황악산 속의 물한리라는 곳으로 숨어들어 갔다. 그곳에서 선종의 법맥을 이을 제자가 오기를 기다린 것이다.

그러나 스님 혼자서 살면 의심을 피할 수 없기

때문에, 오갈 데 없는 여인 한 분을 그곳에 데려다 놓고, 남이 볼 때는 부부가 사는 것처럼 위장을 했다.

그런데 부부라고 하면 서로 이야기를 주고받거나 한자리에 앉을 수 있어야 하건만, 스님은 하루 종일 새끼로 짚신을 삼거나, 지게를 지고 나무를 하거나, 호미와 삽과 낫을 들고 농사일을 할 뿐, 낮이건 밤이건 그 여인이 옆에 앉을 틈을 주지 않았다.

한없는 외로움과 너무나도 무심한 스님의 태도에 회의를 느낀 여인은 마침내 떠나야겠다는 결심을 하고, 가져갈 짐을 챙겼다. 그러나 자신의 옷가지 이외에 가져갈 것이라고는 하나도 없었다.

챙기를 그만둔 여인은 물을 떠먹는 조그만 바가지 하나를 들고 도망을 쳤다.

그 길로 전국 방방곡곡을 돌아다녔으나, 그녀에게 같이 살자고 하는 사람이 없었으므로, 결국 3년 만에 다시 정심선사가 있는 곳으로 돌아왔다.

그리고 그간의 사정을 이야기하자 스님은 담담하게 말하였다.

"나는 지나간 시간에 남의 여자를 힐끗 쳐다보거나, '아! 저 여자 예쁘구나. 데리고 살았으면' 하는 생각을 한 번도 품지를 않았소. 그 때문에 '내 사람'이라 이름이 붙은 이에게는 어느 누구도 손을 댈 수가 없다오.

당신이 3년 아니라 30년을 돌아다니고, 우리나라를 벗어나서 중국 땅에 가고 전 세계를 다 돌아다닌다 해도 '나하고 같이 살자'는 사람은 나타나지 않을 것이오.

그 까닭은 내가 남에게 나쁜 짓을 하지 않았고 남의 가정을 파괴하는 일이 없었기 때문이오. 지금처럼 부득이한 사정으로 형식적이나마 '내 사람'이라는 이름이 붙여지면 그 누구도 건너다보지를 못한다는 것이오."

또 여인이, '이 집을 떠날 때 가져간 것이라고는 물 떠먹는 바가지 하나였는데, 그것을 어디서 잃어

버렸는지 통 기억이 나지 않는다'고 하자 답을 주었다.

"그 바가지도 마찬가지라오. 대관령을 넘다 보면 아홉 남편을 거느렸던 여인을 안장한 일처구부묘一妻九夫墓가 있고 그 옆에 작은 쪽박샘이 있는데, 거기에 가면 바가지가 나뭇가지에 걸려 있을 것이오.

내가 전생에 남의 물건을 몰래 갖고 간 일이 없고 훔친 일이 없기 때문에, '내 물건'이라고 이름이 붙은 것은 아무도 가지고 갈 사람이 없소. 당신이 걸어놓은 바가지가 썩은 채로 그 자리에 그대로 걸려 있을 터이니, 궁금하면 가서 확인해 보시구려."

이 말을 들은 보살이 진짜인지 가짜인지를 확인하기 위해 다시 그 자리로 가보았다. 과연 정심선사가 말한 나뭇가지에는 바가지가 새까맣게 썩은 채로 걸려 있었다.

૪

정심선사의 말씀처럼, 바르게 살면 그 공덕은 남이 어떻게 하지 못한다. 그 공덕은 오로지 나에게로만 오게 되어 있다. 그리고 마음이 흔들려서 바르게 살지 못했을 때에도 반드시 그 과보가 나에게로 떨어지게 되어 있다. 세상은 이렇게 정확한 것이다.

계는 세상을 편안하게 만드는 주춧돌

절대로 잊지 말라.

바르게 산다는 것은 자기가 자기를 이겨나가는 삶인 동시에 인간사회의 기본이 되는 수양이다. 나의 바른 삶은 나와 나의 가정을 지키고 행복하게 만드는 성실한 울타리요, 온 나라를 편안하게 만드는 주춧돌이다.

우리가 바르게 살아갈 때 모든 것은 제 자리를 찾게 된다. 불자인 우리가 바르게 사는 근본 계율

인 오계五戒를 잘 지키면 유교에서 말하는 인仁·의義·예禮·지智·신信의 오상五常도 저절로 지켜진다.

- 산목숨을 죽이지 않는 불살생不殺生은 '어질 인仁' 이요
- 훔치지 않는 불투도不偸盜는 '옳을 의義'이며
- 법으로 정한 테두리를 벗어나지 않는 불사음不邪淫은 '예도 예禮'이고
- 거짓말하지 않는 불망어不妄語는 '믿을 신信'을 지키는 것이며
- 술에 취해 흐리멍덩해지지 않는 불음주不飮酒는 '지혜 지智'를 지키는 것이다.

그리고 오상五常에 '항상 상常'자를 쓴 까닭은, 사람이면 누구나 할 것 없이 이 다섯 가지 바른 삶을 항상 지켜야 한다는 의미가 담겨 있기 때문이다.

그러므로 오계를 잘 지키면서 바르게 살면, 옛

어른들이 조심하고 소중히 여겼던 오상은 저절로 지켜지게끔 되어 있는 것이다.

옛 어른들은 '산목숨을 많이 죽여 명을 끊게 되면 다음 생에 병이 많고 명이 짧아지는 과보를 받는다'고 하셨다. 따라서 불살생의 계를 지키게 되면 병이 들고 단명한 과보로부터 벗어날 수 있다.

남의 물건을 훔치지 않겠다는 계를 지킬 때에도 이와 같은 원리로 다음 생에 부자가 되고 복된 삶을 보장받게 된다.

바르게 산다는 것은 나 자신을 이기는 수행이다. 지켜야 할 계를 어기고 바르게 살지 못할 때, 그만큼 내 명을 재촉하고 내 곁의 복을 끊는 인연을 만들게 되며, 내 곁에 모이는 사람이 전부 나를 속이는 등의 무서운 재앙이 따르게 된다.

그러므로 바르게 살고자 하는 의지를 늘 간직하고, 바르게 살도록 애를 써야 한다.

바르게 살면 선정의 평화가 깃들고 밝은 지혜가

샘솟는다는 것을 명심하고, 꼭 스스로의 행복과
평화와 지혜를 위해 바르게 살고자 노력하기를 당
부드린다.

　나무마하반야바라밀.

아상을 비워야 깨달음이 열린다

아상이 무엇인가

인간의 가장 큰 특징 중 하나는 아상我相이요, 인생살이에서 행복을 막고 깨뜨리는 **최대의 적도 아상**이다. 달리 말하면 인간이 큰 행복을 얻고 유지하고 지켜나감에 있어 가장 크게 방해하는 것이 아상이라는 것이다.

아상我相은 '나다' 하면서, 나를 내세우는 것이다. 나의 삶 속에서 내가 가진 것과 나의 환경과 나의 잘난 점을 자랑하는 것이 아상이다.

"나는 어느 학교를 졸업했다. 남편은 어떤 직책에 있고 아내는 무엇을 하는 사람이다. 아들딸은 무엇이 되어 있으며, 우리 집의 규모는 이 정도고

재산은 얼마다. 친가·외가·처가·친정·시댁의 배경은 어떻다."

이 아상은 스스로를 밖으로 내세우고 자랑할 뿐 아니라, 마음속에 잠재되어 있다가 때와 장소를 가리지 않고 불쑥불쑥 치솟아 올라온다.

우리는 늘 아상에 빠져 살고 있다. 사람에 따라 정도의 차이는 있을지언정 아상에 얽히고설켜 있는 것이다. 그런데 이 아상에 빠져 살면 불행해지고, 아상이 없어져야 행복해진다.

진정한 행복은 따로 있는 것이 아니다. 외부에서 오는 것도 아니요, 없던 것이 순간적으로 생겨나는 것도 아니며, 부처님께서 주시는 것도 아니다. **참된 행복은 아상을 비울 때 저절로 모습을 드러낸다.**

'아상을 없애면서 네 마음을 다스려라. 아상 없이 살면 최상의 행복이 저절로 깃들게 된다. 그러나 아상이 치성하면 아무리 애를 써도 그릇된 마음을 다스릴

수가 없고 복된 자리로 나아가지 못하게 된다.'

부처님께서는 『금강경』 등을 통하여 이것을 강조하신 것이다. 그런데 우리는 어떠한가? 아상을 벗어날 생각조차 하지 않고 있다.

'나는 이러한 존재야.'

'나는 앞으로 ~을 할 거야.'

'나는 지금 ~을 하고 있어.'

'나는 언제 ~을 했어.'

한평생 도를 닦으면서도 이러한 아상을 다스리지 못하는 불자들이 많다.

'나다, 내 것이다, 내가 했다.' 이것이 행복의 길, 깨달음의 길을 막아 버린다.

❁

527년, 달마대사達磨大師께서 인도로부터 중국 남쪽 지방으로 오자, 양나라 무제武帝는 대사를 수도인 남경南京으로 모셨다. 독실한 불자였던 무제는 인사가 끝나기 바쁘게 물었다.

"내가 즉위한 이래 무수히 많은 절을 지었고, 경전들을 무수히 많이 만들어 배포하였습니다. 그리고 신하들과 백성들에게 출가를 권유하였고, 수많은 승려에게 공양을 올렸습니다. 그 공덕이 과연 얼마나 되겠소이까?"

"공덕이 전혀 없습니다."

⚬

왜 달마대사는 '공덕이 전혀 없다'고 하였는가?

'내가 ~을 했다'는 아상에 사로잡혀 있는 이상에는 위없는 깨달음과는 무관하기 때문에 '공덕이 전혀 없다'고 하신 것이다.

양 무제만이 아니다. 우리 또한 마찬가지이다. 불사를 하거나 봉사를 하거나 좋은 일을 한 다음에, '내가 ~을 했다'는 마음이 붙게 되면 큰 행복이 쌓이지 않는다. 조그마한 복은 쌓고 받을지언정, 큰 깨달음과는 무관하다.

부처님의 가르침은 바로 이와 같은 나의 마음을

다스리라는 것이다. '나는 누구다', '나는 ～을 한다', '내가 ～을 했다'라는 자랑 섞인 마음 없이 하는 것이야말로 깨달음을 방해하는 마음을 다스리는 방법이다.

아상만 항복 받으면

불자들이여, 불교를 위해 부처님을 위해 남을 위해 말할 수 없이 좋은 일을 하였을지언정, 그것을 알리고 자랑하고 싶어 못 견뎌 하는 그 마음, '나다·내 것이다·내가 누군데' 하는 **아상부터 항복 받기 바란다.** '내가 ～을 했다', '나는 ～을 한다'는 자랑이 일어나지 않도록 마음을 잘 다스려야 한다.

보시를 하였으되 '내가 누구에게 ～을 베풀었다'라는 생각이 이어지지 않도록 마음을 항복 받고, 높은 자리에 앉게 되거나 부자가 되었을지라도 교만함과 우쭐함에 빠지지 않도록 스스로의 아상을 다스려야 한다.

　가정생활에서도 마찬가지이다. 아들딸에 대해,
'내가 온갖 것을 희생하며 너희를 키운 아빠다 엄
마다'라는 생각이 일어나지 않도록 아상을 항복
받고, 아들딸과 배우자에게 '내가 어떻게 해줬는
데?'라는 마음을 일으키지 말아야 한다.
　이러한 아상을 다스리지 못하면 깨달음은커녕,
늙어 힘이 없어질 때 '서운하다·괘씸하다·나쁜
놈' 등의 생각이 붙게 되고, 심지어는 억울함과 실
망감에 빠져 자식과 원수처럼 지내거나 극단적인
길을 택하는 경우까지 생겨나게 된다.

　실로 아들딸을 다 키운 다음, '나와의 인연이 있
어 정성껏 뒷바라지하였고, 부모로서의 일을 다 마
쳤다'며 완전히 상相을 버리는 부모가 있는가? 아
마도 매우 드물 것이다.
　그러나 손을 털지 못하면, 노년이 되어 자신이

좋지 못한 환경에 처하게 될 때 아들딸에 대해 섭섭해하고 원망을 한다.

왜? 이상을 항복 받지 못했기 때문에 '내가 어떻게 해주었는데' 하는 생각이 계속 일어나고, 괘씸함과 대가를 바라는 생각이 솟구치기 때문에 원망을 하는 것이다.

그래서 나는 늘 불자들에게 당부드린다.

"자식 키우는 의무를 다한 부모님들은 아들딸에게 노후의 삶이나 제삿밥 얻어먹겠다는 기대를 하지 마십시오. 절대로 하지 마십시오. 그리고 다 자란 아들딸이나 손자들의 걱정도 하지 마십시오.

참으로 아들딸과 손자를 위하고 나의 행복을 바란다면, 부모로서의 도리를 다한 다음에는 한평생을 살면서 가족들과 맺었던 얽히고설킨 감정을 확 풀어버려야 합니다. 수십 년 가슴속에 간직했던 감정들, 미웠던 생각, 섭섭했던 생각, 괘씸했던 생각들을 떨쳐버려야 합니다.

이것이 아상을 항복 받는 방법이요, 노년의 할 일입니다. 그리고 이렇게 하여 아상을 항복 받으면, 염불 한마디 하지 않아도 저절로 극락왕생하고, 여러분의 자식들은 저절로 행복하게 됩니다.

지금 여러분이 내 아들딸에게 어떻게 해주었다는 아상에 사로잡히게 되면, 육체와 영혼이 떨어지는 그 순간부터 내 아들과 딸, 남편과 아내로부터 생전에 받은 섭섭함, 얄미웠던 것, 괘씸했던 행동들만이 남아 부딪히게 되고, 여러분의 후손들은 그와 같은 여러분들 때문에 고통을 받게 됩니다.

그러니 부디 아상을 내려놓고, 모든 기대와 집착을 비워버리십시오."

진실로 내가 행복해지고 훌륭한 아버지, 어머니가 되려면, 부모로서의 할 일을 다 하되 '해준다', '해줬다'는 생각을 붙이지 말아야 한다. '내가 아들딸에게 이렇게 저렇게 해줬다'라는 그 마음을 항복 받아야 한다. 그래야만 큰 깨달음의 문이 열린다.

그냥 '내가 아들딸을 어떻게 키웠는데' 하는 집착을 버리고 아상을 항복 받아서, 내가 베풀고 키울 수 있게 해준 것에 대해 감사하며 살아가면 깨달음의 문이 저절로 열리게 된다.

아들딸만이 아니라, 내외 사이, 형제 사이, 부모와 친구 사이에 있었던 모든 계산상의 마음들도 다 비워버려야 한다.

부처님께서는 보살 시절에 수많은 중생을 제도하고도 '내가 제도했다'는 마음이 없었으니, 그 마음이 없었기 때문에 행복의 지존인 부처님이 되신 것이다. 그래서 부처님께서는 『금강경』 등을 통하여, '진정으로 행복하기를 바라거든 ~을 했다는 마음부터 항복 받아라'고 하신 것이다.

불자들이여, '나다·내 것이다'라는 아상我相, '나는 ~을 한다, ~을 했다'고 자랑하는 아상. 부디 이 아상만이라도 꼭 항복 받아보라.

조금은 어렵겠지만, **아상이란 본래 없는 것이기 때문에 능히 항복 받을 수 있다.** 가족을 향해, 마음에 맺힌 이를 향해 삼배를 하고 축원을 하면 보다 쉽게 아상을 항복 받을 수 있다.

　이 아상만 항복 받으면 마음에 평화가 깃들고 큰 행복이 스스로 찾아들며, 해탈의 문 또한 저절로 열리게 되나니, 꼭 아상을 벗어나서 자유로운 해탈의 삶을 이루기를 두손 모아 축원드린다.

　나무마하반야바라밀.

제3장

불성 발현과 깨달음

불성과 법계의 자정능력

깨달음의 원리

불교의 목표요 인생의 목표인 해탈과 깨달음.

그 해탈과 깨달음을 얻을 수 있는 원리는 무엇인가?

우리는 보이고 느껴지는 물질계를 의지하며 살아가는 존재들이기에, 이 원리를 이해하기도 어렵고 표현도 불가능하다. 그래서 나는 이에 대해 억지 이름을 붙여서, '불성佛性'이요 '대우주법계가 원래 갖추고 있는 각성覺性', 곧 '법계의 자정능력自淨能力'이라고 말한다.

이 현상계의 본래 원점에는 시작도 없고 끝도 없으며, 어떠한 시시비비도 없다. 이 원점은 우리 중생의 눈에는 결코 보이지 않는다.

　그런데 부처님이나 도인들께서는 공부의 힘이 어떤 자리에 이르면 그 기운이 모인다고 하셨으며, 이렇게 모인 기운이 모든 모순과 모든 잘못을 푸는 해탈의 고리가 되고 힘이 된다고 하셨다.

　해탈을 이루는 이 깨달음의 공부는 '나'의 힘만으로 하는 것이 아니다. 내 속의 불성과 대우주법계를 스스로 정화하는 능력! 곧 불성과 **대법계의 각성과 자정능력이 '나'의 공부와 함께한다.**

　공부를 하여 욕심의 세계인 욕계欲界와 물질의 세계인 색계色界를 벗어나고 정신만의 세계인 무색계無色界를 벗어나면, 마지막에는 불성이 발현되고 이 자정능력과 완전히 한 덩어리가 될 수 있다.

　우리의 불성과 법계의 자정능력 속에는 남을 이롭게 하는 이타利他의 능력도 갖추어져 있고 중생제도의 능력도 갖추어져 있다. 누구든지 불성과 대우주법계의 자정능력과 함께하기만 하면 모든 문제와 장애가 풀어지게 되는 것이다.

　바꾸어 말하면 대우주법계의 자정능력은 원래부터 일체중생 모두가 똑같이 갖추고 있는 것이요, 누구나 똑같이 누리고 있는 것이다. 이것이 바로 법계의 근본 대자비요 대지혜이다. 이것을 **중생 속에 있을 때는 불성**佛性이라 하고, 여기에 **존칭을 붙여 '부처님'**이라 부르기도 한다.
　그래서 옛 어른들께서는 이 법계의 자정능력과 한 덩어리가 되는 것 또는 불성의 발현을 '깨닫는다'고 표현하셨다.
　우리가 비록 깨닫지는 못할지라도, 공부를 하여 이러한 세계를 어렴풋이나마 추측할 수 있고 느낄 수 있게 되면, 참으로 자유롭고 복 있는 삶을 살 수 있게 된다.

　언제나 이 세계를 들여다보면서 이 움직임과 함께 하셨던 당나라 말기의 포대화상布袋和尙(미륵보살의 화신)께서는 열반 직전에 게송 하나를 남기셨다.

밤마다 부처를 안고서 잠이 들고　　　夜夜抱佛眠

아침마다 부처와 함께 일어난다　　　朝朝還共起

일어나고 앉음을 서로 같이하고　　　起座鎭相遂

말하고 침묵함도 동시에 하나니　　　語默同居止

털끝만큼도 떨어지지 않는 것이　　　纖毫不相離

몸과 그림자의 관계와 같도다　　　如身影相似

부처님 가신 곳을 알고자 하는가　　　欲識佛去處

바로 이 말소리가 부처이니라　　　只遮語聲是

이 게송을 조금 상세히 풀어 보자.

"매일 밤마다 부처님을 품고 잠이 들며, 아침마다 부처님과 함께 일어난다.

일어나고 앉음을 서로가 똑같이 따라 하니, 내가 일어나면 부처가 일어나고 내가 앉으면 부처가 앉는다. 또 부처가 앉으면 내가 앉고 부처가 일어나면 내가 일어난다. 말할 때도 같이 있고 침묵할 때에도 같이 있다.

조금도 떨어지지 않고 언제나 함께하니, 몸뚱이와 그림자가 결코 떨어지지 않는 것처럼 언제나 늘 함께 붙어 다닌다.

그런데 '부처님 가신 곳이 어디인가'라고 묻는다면, 어떻게 답을 하는 것이 옳은가?

'이 말소리가 부처'라는 말 이상으로는 달리 표현할 길이 없구나."

누구나 본래 지니고 있다

실로 불성佛性과 대법계의 자정능력自淨能力은 누구나가 다 본래부터 지니고 있는 것이다.

그리고 불성과 대법계의 자정능력은 따로 움직이지는 않는다. 저절로 커지거나 스스로 작용하지도 않는다. 그 움직임은 언제나 우리의 움직임과 함께한다. 함께 자고 함께 일어난다.

만약 우리가 불성을 발현하고 법계의 자정능력

을 '나'의 삶 속으로 끌어들이고자 하면 그에 맞는 노력부터 해야 한다.

불성을 완전히 발현하고 법계의 자정능력을 온전히 체득하신 부처님께서는 언제나 중생들을 위해 자비를 베풀어 주시고 지혜를 열어 주시지만, 내가 노력하지 않으면 그 힘은 나에게 미치지 않는다.

그러므로 욕망이나 번뇌를 가라앉히고, 자정능력이나 불성을 발현하는 공부가 필요하다.

그런데 오히려 중생의 욕심이나 이기심이 부풀려지면 불성이나 자정능력은 힘을 발휘하지 못하고, '나'는 자꾸만 안 좋은 쪽으로 흘러가게 된다.

중생이 내뿜는 욕망이 법계에 가득한 자정능력을 차단하고, 중생의 이기심이나 감정이 모든 것을 흐리게 만들고 탁하게 만들어 버린다.

한 걸음 더 나아가 불성과 법계의 자정능력을 이해하는 것만으로는 '나'의 해탈을 이루거나, 지금

현재의 물든 사회를 한꺼번에 깨어나게 하고 맑게 해줄 강력한 힘이 분출되지 않는다.

이 사회에 올바로 발현시키기 위해서는 한두 사람의 노력이 아니라 교육과 사회운동 등을 통하여 많은 사람들이 기운을 모아나가야 한다.

우리들 본래의 성품인 불성과 법계의 자정능력을 함께 모아서 큰 힘으로 만들어야 이 사회를 변화시킬 수 있으며, 이렇게 하는 것이 바로 **대승불교의 근본인 자비행**인 것이다.

이제부터 우리는 **불성과 자정능력의 훈습熏習을 익혀 나가야 한다.** 이 '훈습'이라는 말에는 '익힌다', '발현한다'는 뜻이 포함되어 있다.

향을 꽂아놓으면 향의 냄새가 우리도 모르는 사이에 의복 속으로 침투된다. 또 안개 속을 걸어갈 때 당장에 푹 젖지는 않지만, 오래 걷다 보면 의복이 축축해진다. 경우에 따라 의복을 짜면 물이 줄줄 흘러내리는 상태에까지 갈 수도 있다. 이렇게 바꾸어 가는 것이 훈습이다.

따라서 교육을 통하여 사람들이 후천적으로 나쁜 버릇이나 습관을 익히지 않고 참된 쪽으로, 좋은 방향으로 자꾸 익혀나가는 운동이 퍼져나갈 때 불성과 법계의 자정능력이 발휘될 수 있는 것이다.

결국 불성과 대우주의 자정능력이 평소에는 잘 드러나지 않지만, '어떠한 인연을 만나느냐'에 따라 겉으로 크게 발현되기도 한다.

우리가 무엇인가를 축원하고 기도를 드릴 경우, 스스로의 원력이나 힘 등이 불성 및 법계의 자정능력과 만나 함께 움직이게 되면, 상식으로는 추측하기도 힘든 신비한 일이 벌어지기도 한다.

불성을 발현하여 언제나 부처와 함께하고 대우주의 자정능력과 함께하는 삶의 세계! 이러한 세계를 정확하게 확신하고 확인을 할 수 있다면 그런 다행이 또 어디에 있겠는가?

그러나 확인을 하지는 못하더라도 그 자체를 느낌으로 알 수 있거나, 이를 체득한 사람이 이야기를 할 때 이해라도 하게 된다면, 참으로 선근이 깊고 연이 많은 사람이라 하지 않을 수 없다.

불성이나 대우주법계의 자정능력을 완전히 체험은 못 했을지라도, 공부를 하여 어느 정도 이해가 되는 사람은 더 이상 흔들리거나 속는 일 없이 살 수 있다.

그러므로 우리 불자들은 공부를 해야 하며, 이 공부를 쉽게 풀이해 놓은 것이 우리의 본래면목本來面目을 찾아가는 과정에 비유한 **십우도十牛圖**이다.

달리 말하면 십우도는 법계의 각성과 자정능력을 회복해 가는 수행을 소를 찾는 데 비유하여 그 순서를 밝히고, 소를 찾은 뒤에는 무엇에 주의해야 하는지를 열 폭의 그림으로 이야기해 놓은 것이다.

여태까지는 잊어버린 채 생각조차 하지 않고 지

내왔을지라도, 이제는 소를 찾아 나서는 공부, 본
래면목·각성·자정능력을 찾는 공부를 해야 한다.

　분명히 말씀드리지만 꾸준한 노력이 꼭 필요하
다. 염불을 해도 좋고 경전공부를 해도 좋고 주력
을 해도 좋고 화두를 해도 좋다. 기본적인 공부
방법 중 무엇이 되었든 상관이 없다. 꾸준한 노력
을 계속하여 그 공부가 연결이 되도록 하면 된다.
　물론 실천하는 과정에는 실수도 있을 수 있고
욕심으로 말미암아 옆길로 가기도 한다. 하지만
실패를 하더라도 포기를 해서는 안 된다. 언젠가
는 반드시 밟아야 될 길이기 때문에 다시금 그 길
에 올라서서 바른 노력을 기울여야 한다.

　화두·독경·염불·주력 등의 공부를 하다 보면
엉뚱한 병통이 찾아들 때도 있다. 그리고 그 병통
때문에 공부를 그르칠 수도 있다. 그러나 그 병통
이 오히려 '나'를 채찍질하여 빨리 진리의 세계로

들어갈 수 있도록 해주기도 한다.

내가 노력을 하지 않고 남이 해주는 것만으로는 결코 해탈을 할 수가 없고 장애와 문젯거리에서 벗어날 수가 없다. 그러므로 한 가지 공부 방법을 선택해서 흔들리지 말고, 또 스스로를 흔들지도 말고 그대로 지니고 가야 한다.

부디 불성의 발현과 법계의 자정능력이라는 말을 잘 새겨서, 나의 공부를 이루어 해탈하기를 축원드린다.

나무마하반야바라밀.

무명의 힘과 깨달음

더 밝아지려는 망상

'불성佛性!'

부처님의 가르침에 따르면 중생은 누구나 다 불성佛性을 갖추고 있다. 그리고 대우주법계에는 자정능력自淨能力이 있다. 그런데 왜 중생계는 어지럽고 혼란스럽게 흘러가는가?

『능엄경』에서는 이에 대해 '광명생망光明生妄'이라는 표현을 내어놓았다.

곧 원래가 밝고 예리하고 영리한데도, 더 밝아지려는 망상을 내는 것이 무명無明의 시작이라고 본 것이다.

원래가 밝기 때문에 가만히 두면 밝게 작용을 하

는데, 더 밝으려고 억지 조작을 붙이기 때문에 무명이라는 병이 생겨나게 되었다는 것이다.

선방에서는 선을 하는 승려들에게 "자꾸 알려고 하지 말고 한 생각을 쉬어라."는 이야기를 자주 한다.

'더 알려고 하지 말아라. 한 생각 쉬면 된다.'

참으로 묘하고도 모호한 말이다.

'더 영리해지려고 하지 말아라. 더 똑똑해지려고 하지 말아라. 오히려 그 상태에서 한 걸음 후퇴해서 살펴보라'는 가르침이다.

중국 당나라 때의 운문雲門선사 회상에 있던 현칙스님이 열반에 들기 전에 두 분 스님이 나누신 이야기가 있다.

❀

80세가 넘은 현칙스님이 병이 들어 열반에 들 시간이 다 되었을 때였다. 운문선사는 마지막 가시는 길의 마음 단속에 다소나마 도움을 드려야겠다는 생각으로 현칙스님을 찾아갔다.

병든 현칙스님이 조실이신 운문선사께서 방으로 들어서는 것을 보고 억지로 일어나려 하자 운문선사는 말렸다.

"아픈 몸을 일으키지 말고 편안히 누워 계십시오. 그리고 하고 싶은 말씀이 있으면 해보십시오."

이에 현칙스님이 물었다.

"병이 어디에서 왔습니까[病從何處來병종하처래]?"

"그대가 묻는 그곳에서 왔습니다[從汝問處來종여문처래]."

다시 현칙스님이 물었다.

"내가 묻기 전에는 어떠합니까[問着前如何문착전여하]?"

"손에서 빠져나와 허공에 누웠도다[散手虛空臥산수허공와]."

이 운문선사의 말씀 끝에 현칙스님은 편안히 입적入寂하셨다.

§

'병종하처래病從何處來'. 나 스스로도 내가 병이 들었다고 생각하고, 다른 사람들도 나를 보며 병이 들었다고 말을 하는데, '도대체 이 병이라는 것이 어디에서 왔느냐'고 물은 것이다. 결국 '대우주의 모순이 어디에서 생겨난 것이냐'고 묻는 말이다.

이에 운문스님이 '종여문처래從汝問處來'라고 답하였다. 곧 나에게 질문하는 한 생각을 일으킨 거기에서 모든 모순이 벌어졌다는 뜻이다. '당신이 모르니까 알아야 되겠다며 나에게 질문을 던지려고 하는 그것이 벌써 모순'이라는 뜻이다.

'문착전여하問着前如何'. 그렇다면 '내가 질문하지 않고 가만히 있을 때에는 어떠한가?' 하며 다시 되물었다.

'산수허공와散手虛空臥'. 질문하려는 한 생각을 일으키기 전에는 그대로 다 이루어져 있다는 것을 이렇게 답하였다.

진리라는 허공 가운데에서 눕고 싶으면 눕고, 앉고 싶으면 앉고, 가고 싶으면 가고, 오고 싶으면 오고, 마음대로 할 수 있다는 것이다.

한 생각 일으키기 전에는

대우주 자체가 본래 지니고 있는 각覺의 차원은 누구나가 다 똑같이 수용을 하고, 누구나가 다 똑같이 누리고 있다. 한 생각 일으키기 전에는 그대로 다 이루어져 있다.

그런데 한 생각을 일으키면 막히기 시작한다. 내가 엉뚱한 생각을 일으키면 엉뚱한 쪽으로 돌아가 버리고, 특별한 무엇을 인정하고 특별한 무엇을 주춧돌로 삼으려고 하면 자꾸 모순이 생겨난다.

동시에 중생의 입장에서 보면 불성과 대우주법계의 자정능력은 누구에게나 주어지고 있기 때문에 희망을 가질 수가 있다. 그리고 불성과 자정능력의 요구를 따르면 본래 각覺의 차원으로 향상을 할 수가 있는 것이다.

우리는 잠룡사수潛龍死水하면 안 된다. '물속에 잠겨 있는 용이 죽은 물을 만났다'는 뜻을 지닌 '잠룡사수'는 신라의 원효스님께서 정진하다가 어떤 차원에 막혀버린 사람을 꾸짖으며 하신 말씀으로, '향상이 없이 그 상태 그 자리에 그대로 잠겨 있으면 못쓴다' 라는 뜻이 깃들어 있다.

그러므로 우리는 늘 깨어 있어야 한다.

'늘 깨어 있으라' 는 말은 정신을 바짝 차려, 어떤 일이 터지더라도 거기에 맞게 대처하는 능력이 구비되어 있어야 한다는 것이다.

이 말은 꼭 참선을 하는 사람에게만 해당되는 말이 아니다. 염불을 하든 경전공부를 하든 봉사를 하든 기도를 하든, 늘 깨어있어야 한다. 불성 그리고 대우주의 자정능력과 함께해야 한다.

대우주의 생명체 모두가 똑같이 본래 지니고 있는 불성과 자정능력, 누구나가 똑같이 공유하고 똑같이 혜택을 누리고 있는 각覺의 능력.

만약 우리가 이 깨달음의 능력으로 조각조각 분석을 하는 쪽으로 가지 않고, 한 덩어리로 똘똘 뭉쳐 꾸준히 자기의 마음을 단속하고 깨어나는 쪽으

로 가게 되면 틀림없이 크나큰 깨달음과 기적과
같은 성취가 있게 된다.

 인간 세상에서 큰 깨달음이나 믿을 수 없는 대단
한 일들이 벌어지는 것은 법계의 자정능력과 우리
의 기운이 서로 통하기 때문에 나타나는 현상이다.

 따라서 무명의 충동력에 휩싸이지 말고, 나의 불
성과 법계의 자정능력에 연緣을 걸어서 노력을 하게
되면, 반드시 공부의 향상이 이루어질 수가 있다.
중생의 업장이 소멸되고 기도가 성취될 수 있다.

 사람들이 기도를 할 때 관세음보살이나 지장보
살이 화현하여 상식을 넘어선 가피와 기적을 보여
주는 것도, 영가천도가 이루어지는 것도, 이러한
원리에 따라 노력하기 때문에 가능한 일이다.

 불성과 법계의 자정능력과 지금 이 자리에 있는
중생은 결코 다른 것이 아니다.

 그러므로 게으름 피우지 않고 중단하지 않고, 꾸

준히 노력해 보라. 그 노력에 의해 조금씩 조금씩 맑아지고 밝아지고 향상하면 불성이 발현되어 부처님께서 천명하신 깨달음을 완전히 성취하게 된다.

절대로 깨달음은 그냥 아무것도 없는 데서 툭 튀어나오는 것이 아니다. 노력을 하고 정진을 해야만 다가온다. 노력을 하고 정성을 들여서, 대우주 법계에 본래부터 갖추어져 있는 각성覺性과 내가 하나가 될 때 깨달음이 이루어지는 것이다.

이렇게 한 사람 한 사람의 깨달음이 모이고 향상심이 모여서, 욕망과 번뇌로 탁해진 우리 사회를 함께 향상시키고자 하는 움직임이 일어날 때, 불성과 법계의 자정능력이 올바로 발현되어 이 세계는 불국토가 된다.

부디 이와 같은 깨달음의 원리, 해탈의 원리를 잘 유념하고 공부하여, 완전히 깨어나는 멋진 불자가 되기를 간곡히 축원드린다.

나무마하반야바라밀.

저자 우룡雨龍 스님

1932년생. 1947년 고봉스님을 은사로 출가하였고, 1955년 동산스님을 계사로 구족계를 수지하였다. 학봉스님께 사집을 수학하고, 고봉스님 문하에서 대교과를 마쳤다.

1963년 김천 청암사 불교연구원에서의 전강을 시작으로, 화엄사·법주사·범어사 강원의 강사를 역임하였으며, 수덕사 능인선원·직지사 천불선원·쌍계사 서방장·통도사 극락선원 등의 제방선원에서 수행하였다.

현재 경주 함월사 조실로 계시면서 후학을 지도하고, 불자들의 불심을 깨우쳐 주고 계신다.

저서로는『불교의 수행법과 나의 체험』『정성 성이 부처입니다』『불자의 살림살이』『불교신행의 주춧돌』『생활 속의 금강경』『생활 속의 관음경』『영가천도』『신심으로 여는 행복』『불교란 무엇인가』『기도 이야기』『기도성취의 지름길』『불자의 행복찾기』『불자의 삶과 공부』등이 있다.

신행과 포교를 위한 불서 (4×6판, 각 100쪽)

❁

바느질하는 부처님
김현준 편저   3,500원

부처님 일대기 중에서 자비롭고 향기로운 이야기 29편을 가려 뽑아서 엮은 책. 이 책을 읽다보면 인생을 지혜롭고 평화롭게 이끌어 주는 부처님의 가르침을 저절로 터득할 수 있게 된다.

일상기도와 특별기도
일타스님 저   3,500원

평소의 생활 속에서 쉽게 행할 수 있는 기도법과 괴롭고 힘든 경우에 행하는 특별한 기도, 일과 수행의 시작 단계 및 더 큰 성취를 위한 기도 등에 대해 자세히 설하고 있다.

광명진언 기도법
일타스님 · 김현준 저   3,500원

영가천도에 대한 광명진언의 효과, 일상생활 속에서 광명진언을 외울 때 생겨나는 좋은 일, 이 진언 속의 깊은 가르침, 기도의 방법과 마음가짐, 광명진언 기도 영험담 등을 수록하고 있다.

행복과 성공을 위한 도담
경봉스님 저   3,500원

인생을 어떻게 살 것인가? 행복은 어디에 있고 누구에게 깃들며, 어떻게 할 때 성공하는가? 복 짓는 법등 을 명쾌하고도 자상하게 설하고 있다.

보왕삼매론 풀이
김현준 저   3,500원

간절한 말로써 장애 극복의 방법을 역설적으로 일러주어, 인생의 걸림돌을 디딤돌로 바꾸어주고 지혜롭고 복된 삶을 살 수 있도록 이끌어주는 보왕삼매론을 매우 감동적으로 풀이한 책이다.

불자의 삶과 공부
우룡스님 저   3,500원

현재의 삶에 속고 살지는 않는가? 주인노릇은 잘하고 있는가? 어떠한 이가 참된 불자인가? 등을 되물으면서, 복된 삶을 향해 나아가는 불자가 어떠한 공부를 해야 하는지를 일깨워주고 있다.

불교예절입문
일타스님 저   3,500원

불교의 예절 속에는 깊은 상징성과 깨달음의 의미가 깃들어 있다. 이러한 관점에서, 합장법, 절하는 법, 사찰에서의 기본예절, 법문 듣는 법 등을 새롭게 정리하여 한 권의 책으로 엮었다.

손안의 불서 ⑧

불성 발현의 길

지은이   우룡큰스님
엮은이   김현준
펴낸이   김연지
펴낸곳   효림출판사

초 판 1쇄 펴낸날 2023년 5월 10일
        2쇄 펴낸날 2023년 12월 15일

등록일   1992년 1월 13일 (제2-1305호)
주 소   서울특별시 서초구 반포대로14길 30, 907호 (서초동, 센츄리Ⅰ)
전 화   02-582-6612, 587-6612
팩 스   02-586-9078
이메일   hyorim@nate.com

값 3,500원

ⓒ 효림출판사 2023
ISBN 979-11-87508-90-8 (03220)